FRANK PIETRA

DRAGUE SANS ISSUE

Avant-Propos

Je dédie très respectueusement cette satire contemporaine aux femmes, aussi incontournables soient-elles, et lorsque mes pensées se tournent vers elles, cela ravive en moi cette chanson intemporelle de Félix Gray et Didier Barbelivien :

« À toutes les filles, que j'ai aimées avant
Qui sont devenues femmes, maintenant
À leurs volcans de larmes
À leurs torrents de charme
…
Elles avaient dans le cœur
Quelque chose de secret
Elles pleuraient comme on pleure
Quand on a trop aimé… »

Avertissement :

Ceci est une œuvre de fiction. Les noms, les personnages, les lieux et les évènements, même s'ils sont basés sur des faits, des lieux ou des personnages réels, sont le fruit de l'imagination de l'auteur et sont utilisés de manière fictive. Toute ressemblance avec des personnes réelles, vivantes ou décédées, des entreprises, des sociétés, des évènements ou des lieux ne serait que pure coïncidence.

Tous droits réservés. Aucune partie de ce livre ne peut être reproduite sous quelque forme que ce soit, électronique ou mécanique, y compris les systèmes de stockage et de recherche d'informations, sans l'autorisation écrite de l'auteur, sauf pour l'utilisation de courtes citations dans le cadre d'une critique du livre.

Copyright 2024

DRAGUE SANS ISSUE

DRAGUE SANS ISSUE

1

Les nuits tumultueuses de Jacques : À la recherche d'une étincelle dans un monde glacé.

Dans l'univers scintillant du MIPIM à Cannes, où l'on vend plus de champagne en trois jours que pendant deux semaines de Festival du Film, Jacques de la Gauderie-Dussoir se trouvait accoudé au bar du Martinez, pour décompresser.

Le Marché International de l'Immobilier, avec ses tours et détours, se révélait être un vortex qui pouvait entrainer chacun d'entre nous dans un tourbillon de débauche d'argent, de frime, d'exposition, de luxure, d'extravagance, voire simplement dans une comédie romantique absurde. Au sein du prestigieux salon international à Cannes, hommes d'affaires et personnalités VIP rivalisaient d'extravagance, affichant leur richesse de manière ostentatoire. Les allées étincelaient de voitures de luxe, de tenues exquises et de bijoux éblouissants. À chaque pas, un spectacle de démesure et de grandeur.

Dans ce contexte, la farce atteignait des sommets insoupçonnés, chacun cherchant à surpasser l'autre dans un jeu de démonstration de pouvoir économique. Les égos s'affichaient dans toute leur splendeur, les hommes d'affaires se déployant dans des discours grandiloquents, tandis que les « people » et les VIP se faisaient les acteurs d'une pièce extravagante.

La luxure, quant à elle, se mêlait subtilement à l'atmosphère sensuelle de l'évènement. Les fêtes nocturnes et les soirées exclusives dévoilaient un monde de plaisir et d'excès, où les relations d'affaires se confondaient parfois avec des jeux de séduction.

Au-delà de la façade clinquante, cette immersion dans le Marché International de l'Immobilier à Cannes exposait une réalité paradoxale, oscillant entre l'opulence débridée et une plaisanterie loufoque où les enjeux économiques se mêlaient à une théâtralité flamboyante.

Au milieu de ce rassemblement d'hommes fortunés venus des quatre coins du globe, Jacques partageait un moment ennuyeux avec ses amis éphémères, Michel, Christine, et Serge. Entre deux verres de champagne, Jacques évoquait ses voyages exotiques en Asie et en Amérique latine, sauvant la soirée de l'ennui général, au bar d'un de ces majestueux palaces de la Croisette.

Alors que l'alcool commençait à faire son effet désinhibant, Jacques, qui se montrait comme un homme de grande classe, laissait néanmoins transparaitre un désir grandissant. Dans sa quête de plaisirs charnels, il envisageait de finir la soirée dans les bras d'une jeune demoiselle. Après tout, à Singapour, à Chinisāu ou Rosario, le choix était simple, il suffisait de faire son marché dans le hall de l'hôtel ou de solliciter le concierge qui avait toujours un numéro de téléphone à communiquer au bout duquel une voix suave proposerait une gamme de services liés aux rencontres intimes.

Cependant, une étrange évolution se produisait dans les halls d'hôtels des grandes villes du monde moderne, et en particulier français, ces dernières années. Des beautés à n'en plus finir encombraient les lieux, sans trouver preneur. Les hommes fortunés, méfiants face aux risques de scandales judiciaires, préféraient éviter ces situations compromettantes.

Cela va jusqu'à rendre paranoïaques ou extrêmement prudentes les personnalités connues, comme Patrick Sébastien qui déclare chez Pascal Praud sur Europe 1 qu'il filme à l'hôtel le personnel féminin qui lui apporte son petit-déjeuner : « *Mon avocat m'a dit que si la fille sort en criant, tu es mort... »*

Les réseaux sociaux, instruments de la vindicte populaire, qui font office de tribunaux avant même toute enquête judiciaire, ont changé bien des pratiques.

Ainsi, nos hommes d'affaires, autrefois habitués à conclure leurs soirées avec une compagnie agréable, se retrouvent désormais seuls dans leur chambre d'hôtel, accompagnés non pas d'une séduisante inconnue, mais d'une bouteille de bourbon comme unique confidente.

Mais Jacques, se sentant particulièrement téméraire ce soir-là, se laissa emporter par l'atmosphère vibrante de la salle. Il observa les tables occupées par une ou deux jeunes femmes, des clientes de passage qui semblaient avoir élu domicile pour la soirée. Leur élégance excessive et leur maquillage prononcé ne pouvaient échapper au regard expert de Jacques.

L'esprit émoustillé par l'ambigüité du lieu, Jacques capta l'attention d'une de ces mystérieuses femmes d'un simple regard, récoltant en retour un sourire énigmatique. Alors que la salle se vidait progressivement, l'horloge approchant minuit, Jacques, porté par une journée réussie dans le monde impitoyable de l'immobilier, envisageait de conclure la nuit avec l'une de ces figures féminines envoutantes.

Célébrant ses rencontres fructueuses avec des investisseurs, Jacques avait déjà partagé quelques verres avec ses compagnons de fortune provisoire. Sous l'influence de l'alcool, le désir de terminer la soirée dans les bras d'une inconnue prenait de l'ampleur. « Au feu de la passion, on peut risquer de se bruler les ailes... mais rester de glace est-ce vraiment une solution ? » se demanda-t-il avec une pointe de défi dans le regard.

Se parlant à lui-même, Jacques déclara : « J'ai des mains d'homme, épaisses, fortes et puissantes, tout autant qu'elles peuvent être douces et délicates, appelées à caresser, à surprendre un corps sensible et offert... » Une déclaration à la fois audacieuse et teintée de sarcasme, reflétant les paradoxes d'une société où les rencontres éphémères sont la norme, mais où la glace sociale menace d'éteindre les flammes de la passion.

Jacques, évoluant dans le tumulte des codes sociaux modernes, était intrigué par une jeune femme qui captivait son attention. Ignorant si elle était libre ou simplement adepte des soirées solitaires au Martinez, elle avait passé la soirée seule à une table, son verre désespérément vide depuis plus de deux heures. Elle semblait s'occuper en répondant à des SMS ou au téléphone, mais son air perdu et ennuyé ne laissait aucun doute. Sa beauté ravivait le désir en Jacques.

Dans un élan de bravoure, il demanda au barman de lui offrir un verre. La jeune fille accepta et, de loin, lui adressa un sourire tout en levant son propre verre.

Était-ce une invitation à s'approcher, voire à s'assoir ? Ou bien un simple signe de remerciement, suggérant à Jacques de rester à distance ? Le flou régnait dans l'esprit de Jacques, coincé au bar avec des jambes de plus en plus lourdes et aucun tabouret de libre.

Feignant d'engager une conversation avec Wang, le barman, qui s'activait à ranger en prévision de la fermeture prochaine dans trente minutes, Jacques se dérobait subtilement à la situation. Cependant, la jeune femme ne le lâchait pas du regard. Rassemblant tout son courage, Jacques se retourna et décida de braver l'incertitude.

Symphony vivait dans le quartier populaire de Cannes-la-Bocca, une information qui aurait pu ébranler le monde raffiné du Martinez. Selon ses dires, elle aimait fréquenter cet établissement pendant les salons ou les festivals pour y rencontrer des personnes intelligentes et cultivées, comme elle l'affirmait. Une déclaration qui piquait subtilement l'orgueil de Jacques, plongé dans une satire sociale où les quartiers résidentiels étaient des barrières invisibles, et le Martinez, un lieu de rencontres soi-disant élitistes.

Jacques, tout d'abord, s'approcha de la jeune femme avec l'assurance d'un participant du MIPIM, déployant une comédie de haut vol teintée d'une frime presque insolente. Il exposa ses réussites, ses acquisitions, et mit en avant son statut avec une assurance presque provocante. Cependant, il s'aperçut rapidement que la jeune femme, loin de se laisser impressionner, le regardait d'un œil averti et connaissait la vie bien mieux qu'il ne l'avait supposé.

Devant cette révélation, Jacques, réévaluant son approche, opéra un changement subtil. Il abandonna le masque de la prétention pour se présenter simplement, comme un homme authentique. Les artifices tombèrent, laissant place à la sincérité. Il partagea ses expériences, ses passions, sans l'ombre de la fausse grandeur qui l'avait caractérisé précédemment. C'est alors qu'une connexion véritable s'établit entre eux, transcendant les apparences initiales. Dans cette transformation, Jacques découvrit la valeur de l'authenticité et la richesse des échanges humains dénués de toute façade sociale.

— Vous ne m'avez toujours pas communiqué votre prénom, lui demanda Jacques.

— Moi ? C'est Symphony.

— C'est un prénom peu commun, mais il a l'avantage d'être mémorisable.

— C'est ce que l'on dit lorsque l'on me connait, que je suis mémorable, esquisse-t-elle un sourire, en fait, c'est ma maman qui a choisi ce prénom, car elle aimait les pommes.

— Les pommes dites-vous ? demanda Jacques, dubitatif.

— Oui, la symphonie de Beethoven, « Pom, pom, pom, pom », et elle se mit à rire.

— En effet, c'est la 5e de Beethoven, c'est amusant, déclara Jacques, bien que son amusement soit limité, se demandant même s'il n'était pas transporté dans une autre dimension.

— Ça ne vous fait pas rire ?

— Si vraiment... répondit-il peu convaincant, suscitant l'amusement de Symphony en le voyant légèrement déstabilisé.

— Ça ne fonctionne qu'avec les pommes, expliqua-t-elle en accompagnant ses mots d'un geste pour couvrir sa poitrine d'un bras, comme si elle voulait protéger ses seins.

— Les pommes, les pommes ? réfléchissait-il sans conviction.

Jacques ne comprenait plus rien, et devant son étonnement, Symphony se lança dans une explication encore plus saugrenue :

— Oui, les pommes, insista-t-elle ne pouvant retenir un fou rire, car si ma maman avait aimé les poires, on aurait fait comment ?

— Comment ? Je vous le demande, répliqua Jacques qui essayait malgré tout de suivre.

— Et bien on n'aurait pas pu, car « Poir, poir, poir, poir » ça ne marche pas !

Jacques saisit rapidement qu'elle cherchait simplement à détendre l'atmosphère. Elle était disposée à continuer la conversation, mais elle avait toutefois ressenti le besoin de relâcher un peu la pression, percevant de la tension chez l'homme d'affaires. « Rien de tel qu'une blague potache pour mettre tout le monde d'accord », pensa-t-il.

La soirée entre Jacques et Symphony avait débuté de manière tout à fait anodine, avec des échanges banals, quelques rires, agrémentés de gorgées de boissons. Les regards se croisaient, fuyant parfois, mais semblaient suggérer quelque chose de plus. Puis, comme par magie, ou peut-être à cause du champagne du MIPIM, leurs mains se frôlèrent, déclenchant une série de sensations assez inexplicables. Jacques, se sentant propulsé dans une comédie romantique déjantée, ne se reconnaissait plus. Il osa alors une proposition audacieuse : l'inviter dans sa chambre pour vivre toutes les folies que deux corps pouvaient se livrer ensemble.

Il réalisa soudainement qu'il avait franchi toutes les limites du respect et s'était aventuré bien au-delà de la bienséance. Il se préparait mentalement à un refus, voire à une gifle, anticipant une fin de soirée maussade. Cependant, à sa plus grande surprise, la fille, loin de rejeter sa proposition, l'accepta. Jacques n'en croyait pas ses yeux, ni ses oreilles, ni la protubérance qu'il tentait de dissimuler en restant bien enfoncé sous la table.

C'était comme si le scénario de sa vie avait pris un virage inattendu. Jacques se demanda si le scripteur du destin avait décidé de le surprendre ce soir-là. Dans ce tableau satirique de notre époque, la ligne entre l'absurde et la réalité semblait de plus en plus floue, reflétant les contradictions et les revirements inattendus de la société contemporaine, où les conventions et les attentes sont sans cesse redéfinies.

En grimpant dans cet ascenseur, Jacques se remémorait une époque révolue, celle où à peine le bouton de fermeture appuyé, la fille arrachait la chemise de l'homme, les deux s'embrassant passionnément dans l'angle étroit de la cabine. Parfois, la porte s'ouvrait à un étage, laissant la fille agenouillée dans une situation des plus gênantes, incapable d'articuler le moindre mot.

Puis, peu de temps après, dans un élan de passion débridée, l'homme la jetait sur le lit, échangeant des mots vulgaires qui attisaient encore davantage le feu de l'excitation. Les deux protagonistes, une fois rassasiés, assistaient à la scène classique : la fille prenait la liasse de billets posée sur la table de nuit et quittait l'hôtel, la transaction terminée.

Cette série d'évènements peignait une image satirique de la société contemporaine, où les relations éphémères et les démarches financières cohabitaient sans le moindre scrupule.

Tous y trouvaient leur compte, comme si la chambre était devenue le rendez-vous tacite des désirs éphémères et des péripéties financières. Une chorégraphie rapide et sans équivoque, où les acteurs se donnaient en spectacle, chacun prenant soin de préserver les apparences, mais secrètement conscients que la commodité de l'ascenseur les libérait de tout jugement extérieur.

Ces ascenseurs, autrefois symboles de discrétion, devenaient les théâtres impromptus de rencontres sans lendemain, où l'intimité et l'argent à venir s'entremêlent dans une danse cynique et déshumanisée.

Ces liaisons fugaces, dépourvues de toute émotion réelle, étaient souvent conclues avec une liasse de billets passant de main en main comme un sinistre trophée. Une liasse qui, en un éclair, effaçait toute trace de complicité précaire, transformant ces moments intimes en simples transactions mercantiles.

Certains se complaisaient dans ces rencontres, utilisant l'ascenseur comme une frêle oasis d'indulgence dans une vie marquée par la froideur des échanges humains. Chacun repartait avec sa part du marché conclu, parfois agrémentée de souvenirs chaleureux, mais surtout teintés d'une ironie amère, révélant la vacuité de ces instants fugaces dans une société où l'intimité se monnayait et se consommait comme une marchandise.

Cette société d'antan n'était pourtant pas plus hypocrite que celle d'aujourd'hui, bien au contraire. Elle offrait un terrain fertile pour tous les excès, une arène où les accords conclus et les pactes sexuels arrivaient à terme sans risque de retour en arrière. Dans cette ère révolue, la liberté de jouir des plaisirs éphémères se déployait sans le spectre du jugement moral, sans l'ombre menaçante d'une société prompte à clouer au pilori.

Aujourd'hui, une simple phrase maladroite, un oubli de date anniversaire, une pointe de jalousie, ou encore un manque de tendresse peuvent suffire à exposer des hommes, et parfois des femmes, au lynchage public. Ceux qui n'avaient cherché qu'à partager un agréable moment, sans méchanceté, sans agressivité, se retrouvent injustement condamnés, emprisonnés dans les chaines du politiquement correct et des codes de conduite contemporains.

Au sein de cette ère moderne, où chaque mot est épluché à la recherche d'une faille, où chaque acte est scruté à la loupe de la moralité imposée, la spontanéité et l'innocence des moments partagés se dissolvent. Jadis, sans jugement, sans méfiance, et sans enfreindre de lois puisque les deux protagonistes étaient consentants, les ébats éphémères se déroulaient dans une harmonie aujourd'hui oubliée. Cette critique de la société actuelle souligne la perte de l'insouciance et de la liberté de vivre pleinement des moments dénués de toute intention malveillante.

Devant les portes de l'ascenseur, Jacques, non sans une certaine audace, lui demanda ce qu'elle aimait dans la vie :

— Quels sont les éléments qui suscitent l'admiration de Symphony dans cette existence ?

— En résumé : qu'est-ce que j'aime dans la vie ?

— Oui.

La formulation de sa question lui valut une réponse inattendue :

— Regardez, répondit-elle en sortant une page arrachée d'un mensuel féminin. Justement ce matin, j'ai trouvé réponse à cette question. Et elle se mit à lire l'article : « *Symphony aime plaire, être dans les grâces d'autrui, communiquer et échanger dans un groupe amical qu'elle anime avec chaleur, générosité, sens de l'humour et esprit critique. Elle a un sens profond de l'amitié et adore rendre service. Elle est d'ailleurs adaptable, astucieuse, débrouillarde, voire opportuniste. Elle est immanquablement attirée par les orientations altruistes. En amour, elle est souvent trop idéaliste et voit souvent l'être aimé paré des voiles de l'illusion : elle risque de connaitre un jour des déceptions... Elle peut vivre, dans un premier temps de sa vie, de manière dépendante, apparemment souple, soumise et passive, mais ce ne sera pas sa vraie nature, car elle est en fait autoritaire ! À la moindre faiblesse du partenaire, elle tendra à reprendre les rênes de sa destinée. »* En repliant son papier, Symphony souriait à Jacques, tandis que les portes de l'ascenseur s'ouvraient. Jacques la laissa entrer en premier. Il appuya sur le bouton marqué « quatre », imaginant qu'il aurait préféré appuyer sur le « trente » s'il y en avait un, afin de prolonger au maximum le moment où elle serait près de lui.

Par le passé, la galanterie régentait des normes bien définies. On suggérait à une femme de passer devant dans certaines situations, sans craindre d'être qualifié de « sexiste », ceci étant surtout un signe de respect. Par exemple, lors de la montée des escaliers, la tradition voulait que l'on passe devant pour éviter de laisser errer indiscrètement son regard. En descendant, l'homme passait devant. Cette étonnante galanterie prenait la forme d'une précaution, visant à la récupérer en cas de chute, une situation fréquente avec les robes longues d'antan.

Dans le contexte des restaurants, la bienséance prônait que l'homme entre en premier. Cela permettait à ceux qui avaient tourné la tête pour voir qui entrait dans l'établissement de se replonger dans leurs assiettes, évitant ainsi de gêner la dame par des regards insistants. En sortant du restaurant, par souci de sécurité, l'homme précédait la femme. Dans les rues sombres d'autrefois, cette pratique visait à prévenir d'éventuelles attaques ou tentatives de vol de sac à main à l'encontre de la dame.

Ces coutumes, jadis considérées comme des démonstrations de courtoisie, ont progressivement cédé la place à de nouvelles notions d'égalité. Bien que cette évolution soit souvent saluée pour son caractère progressiste, elle s'accompagne parfois de la perte de certaines traditions élégantes qui ajoutaient une nuance de charme à notre quotidien. Cette transformation sociale réside dans la complexité des codes qui ont évolué au fil du temps.

L'acte de laisser passer une dame était imprégné de courtoisie. C'était lui offrir la possibilité de choisir en premier, un geste de galanterie qui risque malheureusement de disparaitre à jamais si l'égalité des genres est revendiquée de manière rigide. Cette raillerie de la société contemporaine souligne l'ironie qui surgit lorsque les traditions galantes sont remises en question au nom de l'égalité, mettant en lumière les paradoxes de notre époque.

C'est à ce moment-là que Jacques, tout juste sorti de l'ascenseur, plaqua Symphony contre le mur du couloir, engendrant un échange passionné. Les vêtements tombèrent négligemment au sol, leurs soupirs s'entremêlant dans l'intimité du lieu, et absorbés par l'acoustique feutrée des murs et des moquettes épaisses.

Le vigile chargé de la sécurité et de la surveillance des écrans de caméras des parties communes de l'établissement déposa délicatement un foulard brodé aux emblèmes distinctifs du Martinez afin de rendre la scène privée, en la soustrayant de la même manière aux yeux de ses collègues. Il arrêta l'enregistrement de cette zone. Cependant, pensant à l'angle exceptionnel et à la qualité des prises de vue, il envisagea de se replonger ultérieurement dans la vidéo ainsi obtenue, s'offrant de retour chez lui, un plaisir solitaire. Depuis son poste, il percevait dans son imagination les gémissements que le plaisir de la jeune femme rendait difficiles à contenir. Il appuya de nouveau sur « play »...

NON !

(pied sur le frein : un crissement de pneus déchire nos tympans !)

À ce moment de la narration,
rien ne va plus !

Non, car nous sommes en 2024 !

En 2024, les relations entre hommes et femmes sont tournées vers l'égalité. Un homme aspirant à une relation d'un soir avec une femme doit reconsidérer entièrement son approche, sous peine de s'exposer à des accusations d'outrage, d'attouchements sexuels, voire de viol. Il doit obtenir un consentement explicite de la part de la femme. Ces relations sont devenues complexes, et un homme ne peut plus s'engager dans une démarche de séduction à la légère, comme cela aurait pu être le cas par le passé, sans courir un risque. Il ne peut plus s'aventurer à « draguer » comme autrefois.

2

Les relations hommes-femmes à l'ère de l'égalité : Le consentement comme fondement.

Dans la société d'aujourd'hui, les relations entre hommes et femmes ont évolué de manière significative. L'avènement du mouvement pour l'égalité des sexes a remodelé les normes et les attentes dans le domaine de la séduction et des relations amoureuses. L'objectif principal de cette transformation est de garantir que chaque individu, quel que soit son genre, puisse participer à des interactions relationnelles consensuelles, saines et respectueuses. Cette évolution a également mis en lumière l'importance cruciale du consentement, qui est désormais au cœur de tous les rapports intimes.

Autrefois, le processus de séduction était souvent ambigu, avec des attentes implicites et des signaux souvent mal interprétés. Cependant, cette approche floue a donné lieu à de nombreuses situations désagréables, voire dangereuses. Aujourd'hui, un homme désirant établir une relation d'un soir doit réévaluer complètement son approche, en mettant l'approbation au premier plan.

Au risque de perdre en intensité, l'homme, cet animal évolué, ressent, à l'instar de la plupart des êtres vivants, des pulsions déclenchant le désir charnel de manière involontaire. Dans notre société évoluée, le consentement prend progressivement la place des traditionnels préliminaires, dans toute leur amplitude.

Désormais, s'assurer du consentement mutuel dans une relation est essentiel, même si cela peut sembler réduire l'intensité physique de manière physiologique. Cependant, considérer le consentement comme une étape nécessaire ne doit pas diminuer la passion ni la qualité de l'expérience. Le sexe s'aborde autrement.

En effet, cela peut renforcer la connexion entre les partenaires, créant un espace de confiance et de respect mutuel. En prenant le temps d'exprimer et de recevoir un consentement clair, les individus peuvent s'engager dans une relation plus épanouissante, basée sur la communication ouverte et le respect des limites de chacun. Le problème réside dans la difficulté à exprimer tout cela, et certains peinent à trouver les mots justes.

Il est essentiel de reconnaitre que la sensualité et la passion peuvent toujours coexister avec le consentement mutuel. L'évolution des relations vers un modèle plus consensuel contribue à instaurer des bases solides où le désir et l'intimité peuvent s'épanouir de manière saine et respectueuse. En comprenant et en acceptant ces évolutions, les individus peuvent jouir d'une intimité plus épanouissante, où le consentement devient un élément intégral de l'expérience amoureuse.

L'accord volontaire, informé et mutuel de toutes les parties impliquées dans une relation intime est aujourd'hui impératif. Il ne peut pas être supposé ni présumé, il doit être clair, spécifique et réversible à tout moment. Cela signifie que les hommes ne peuvent plus se permettre d'ignorer les signaux ambigus ou de pousser quelqu'un à agir contre sa volonté. L'importance du consentement est fondamentale pour prévenir les comportements répréhensibles, tels que les attouchements sexuels non consentis ou le viol, qui sont des infractions graves et inacceptables. L'ignorer ou le minimiser peut entrainer des conséquences juridiques, et causer des préjudices émotionnels durables.

La clé pour établir une permission claire réside dans la communication ouverte et le respect mutuel. Un homme qui souhaite entamer une relation d'un soir doit apprendre à écouter et à comprendre les signaux verbaux et non verbaux de son partenaire potentiel ou de sa partenaire éventuelle. Il doit poser des questions respectueuses pour s'assurer que l'autre personne est à l'aise et souhaite poursuivre l'échange. Il doit également prendre en compte qu'un assentiment est révocable à tout instant. Une personne peut changer d'avis à n'importe quel moment de l'interaction, et son partenaire doit respecter cette décision immédiatement. Pousser quelqu'un à poursuivre une action après le retrait de l'agrément constitue une violation grave des limites et peut avoir des conséquences légales.

Attention, cette considération s'applique exclusivement à la phase préliminaire d'une relation physique qui est destinée à être consentie. Cependant, elle ne peut pas encore être extrapolée à la sphère commerciale, car un bon vendeur doit non seulement garantir le consentement de ses clients, mais parfois les guider, voire les influencer, dans la prise de décision. Sans cette capacité, il ne subsisterait plus de vendeurs traditionnels. Notons d'ailleurs que ces derniers sont actuellement en voie de disparition, laissant place à l'émergence de conseillers. La transition vers ce nouveau modèle illustre l'évolution des pratiques professionnelles, où l'accent est davantage mis sur le conseil et la satisfaction client que sur des techniques de vente plus traditionnelles.

L'évolution des relations entre hommes et femmes vers une approche centrée sur le consentement ne signifie pas que les interactions romantiques ou sexuelles sont devenues impossibles. Au contraire, elle vise à rendre ces rapprochements plus sains, plus respectueux et plus épanouissants pour toutes les parties impliquées. L'égalité des sexes signifie que chaque individu a le droit de choisir librement ses partenaires et de décider de la nature de ses relations.

En fin de compte, dans la société moderne, l'approche des relations d'un soir ou de toute interaction intime doit être basée sur le respect, la communication ouverte et le consentement mutuel. En épousant cette évolution, nous pouvons contribuer à créer des relations plus positives, plus égalitaires et plus épanouissantes pour tous.

Ceci, c'est pour la théorie, pour le politiquement correct, pour se conformer aux idées d'une minorité bien-pensante de notre société évoluée. Le monde, même s'il avait tout à gagner à embrasser l'égalité homme-femme, n'est pas tout à fait tel qu'on le décrit dans les salles de réunion feutrées des hautes sphères et dans les locaux enfumés des associations féministes engagées dans cette cause. Pourtant, il serait fascinant de voir une femme s'adresser à un homme de cette manière : « Hé, M'sieur, t'es bon ! », et de le voir saisir son sac à main contre lui, longeant les murs, se précipitant dans un magasin de lingerie bondé pour se rassurer.

Ou encore, pourquoi ne pas imaginer le retour des bals de campagne où les hommes seraient assis sur les bancs formant le pourtour de la salle ? Des hommes qui rougiraient dès qu'une femme poserait les yeux sur eux. Et au bar, les femmes accoudées, verre de bière à la main, se livreraient à des blagues grivoises, compteraient leurs éventuelles conquêtes de la soirée, avec ici la timide qui ne trouverait personne et là la bombe, la belle-gosse, qui affirmerait qu'elle séduirait le plus bel homme de la soirée.

3

Entre consentement transparent et intimité monnayée : Les dynamiques complexes des relations intimes dans le monde moderne.

Symphony, cette jeune femme opportuniste, fréquentait assidument les halls des hôtels chics dans l'espoir de rencontrer des hommes cultivés, riches et séduisants. Sa démarche ne la qualifiait pas formellement de professionnelle du sexe, elle entretenait simplement et en toute conscience des relations intimes de manière libre et régulière.

Dans un monde où les call-girls ont évolué vers des réseaux plus discrets,

Symphony se distinguait en tant qu'« occasionnelle », naviguant dans le jeu de la séduction sans les structures professionnelles significatives.

Les halls des hôtels ne sont plus le terrain de chasse habituel des professionnelles, celles-ci préférant des réseaux plus privés et spécialisés. Le paysage a évolué, transformant l'industrie du sexe en une véritable entreprise.

Que ce soit au sein de circuits organisés ou en marge de ces structures, l'avènement d'Internet a grandement facilité les interactions et les rencontres. Les frontières entre l'occasionnel et le professionnel se sont estompées, offrant de nouvelles possibilités et défis dans le monde des relations intimes.

Dans cette quête perpétuelle d'expériences, Symphony incarnait une facette de la modernité où les frontières traditionnelles sont floues et où les rencontres, facilitées par la technologie, prennent des formes variées. Les dynamiques complexes de la séduction et de l'intimité se révèlent dans ce contexte, reflétant les transformations trop rapides de la société contemporaine.

Alors que le consentement mutuel est devenu une norme incontournable dans les relations intimes, il est intéressant d'examiner comment cette dynamique s'applique dans le contexte des professionnelles du sexe.

Les chefs d'entreprise, capitaines d'industrie, politiques et autres hommes d'affaires, qui parcourent le globe, ont souvent recours à des contacts dans chaque capitale pour satisfaire leurs besoins.

Ces hommes, loin des stéréotypes traditionnels de l'infidélité, ne trompent plus leurs épouses de la manière classique, avec une secrétaire ou une personne de leur entourage. Au contraire, ils adoptent une approche plus transparente, se livrant à un système international où le sexe est monnayé. Cette démarche peut sembler choquante à certains, mais elle est ancrée dans une réalité où la discrétion et la transparence prévalent sur la tromperie classique.

Curieusement, certaines épouses peuvent trouver des avantages dans cette approche particulière. En étant conscientes des activités de leurs partenaires, elles ne sont pas officiellement considérées comme cocues, du moins pas reconnues comme telles par leurs cercles sociaux ou leur voisinage. Cette forme d'ouverture peut créer une dynamique étonnante de compréhension tacite et de consentement implicite au sein du couple.

Il est intéressant de noter que cette démarche n'est pas exclusivement masculine. Parfois, les femmes au sein de ces milieux utiliseront le même type de réseau pour s'offrir des moments de tendresse dans les bras d'un jeune homme ou d'une jeune femme. Cette liaison peut être aussi éphémère que discrète, équilibrant ainsi les dynamiques relationnelles au sein du couple.

Dans les recoins les plus modestes de la société, là où la réalité économique pèse lourdement sur les épaules, la notion de consentement mutuel prend parfois des nuances complexes. C'est dans ces décors modestes que l'on croise des femmes, professionnelles du sexe par nécessité plutôt que par choix.

Imaginez une professionnelle qui reçoit son client sur le bord d'une nationale, dans une fourgonnette délabrée. Son environnement ne laisse pas de place aux artifices du luxe. Les négociations ne se font pas dans des hôtels chics, mais dans l'ombre d'une réalité économique implacable. Les enjeux sont clairs, les besoins urgents. Dans ce contexte, le consentement mutuel est complexe, imprégné de la nécessité de subsister au-delà de la simple transaction physique.

Les professionnelles du sexe ou travailleuses du sexe étaient appelées autrefois « péripatéticiennes » ou « prostituées ». L'évolution des termes utilisés pour désigner ces professionnelles du plaisir reflète les changements dans la perception sociale et la compréhension des réalités complexes liées à cette profession. Cela vaut pour d'autres professions. Les mots ont le pouvoir de façonner nos perceptions et de porter des connotations parfois stigmatisantes.

Autrefois appelées « péripatéticiennes », un terme qui trouvait son origine dans l'Antiquité grecque, ces femmes étaient souvent associées aux philosophes qui déambulaient et enseignaient dans les allées, d'où le terme dérivé. Cependant, au fil du temps, le mot a acquis une évocation négative, souvent associée à une certaine dépravation.

L'usage du terme « prostituée » est devenu plus courant, mais il a lui aussi été marqué par des connotations péjoratives, soulignant souvent la stigmatisation sociale attachée à cette profession. La société a souvent eu tendance à juger sévèrement les femmes exerçant ce métier, attribuant parfois une certaine culpabilité ou honte à leur choix ou circonstance. Pourtant, leur métier avait la noblesse d'être reconnu comme le plus vieux du monde.

Cependant, ces termes ont évolué au fil des années pour refléter une compréhension plus nuancée et respectueuse de la diversité des expériences des professionnels et professionnelles du sexe. Certains préfèrent aujourd'hui des termes plus neutres comme « travailleur, travailleuse du sexe » pour éliminer tout sens péjoratif.

Il est important de reconnaitre que le choix des termes peut être influencé par des considérations socioculturelles et politiques. Adopter des termes plus neutres cherche souvent à éliminer la stigmatisation associée à cette profession, promouvant ainsi une vision plus respectueuse et éclairée de la réalité des travailleurs du sexe. Cependant, il reste encore beaucoup de travail pour combattre les préjugés et promouvoir une compréhension plus empathique de cette profession complexe.

Il y a aussi l'étudiante, jeune et brillante, qui aspire à payer ses études. Les factures scolaires sont un fardeau lourd à porter, et dans ce dilemme, la frontière entre choix et nécessité devient floue. Le consentement mutuel dans ce cadre implique une négociation entre l'urgence financière et la recherche d'un meilleur avenir.

Enfin, la ménagère, qui se retrouve face à des fins de mois difficiles, aspire à subvenir aux besoins de sa famille. Pour elle, le consentement mutuel est teinté de la responsabilité de veiller au bien-être des siens. Dans ce contexte, le choix est façonné par les pressions économiques et les sacrifices nécessaires pour maintenir un équilibre fragile.

Ces situations soulignent la complexité du consentement mutuel dans des contextes économiques précaires. Les choix sont souvent façonnés par la nécessité plutôt que par une liberté absolue. Comprendre ces nuances est essentiel pour aborder cette réalité avec empathie, en reconnaissant que la dignité et le respect demeurent des éléments essentiels, même dans des situations où la précarité dicte les règles.

Cette réalité complexe soulève des questions sur la nature du consentement mutuel dans des contextes inhabituels. Bien que les normes éthiques et morales puissent varier, il est crucial de comprendre comment ces dynamiques impactent les relations intimes, tant au niveau individuel que sociétal.

4

Les palaces de la Croisette :
Un nouveau monde où le champagne
coule, mais pas les aventures !

De retour dans notre hall d'hôtel de luxe de la Riviera, les portes de l'ascenseur s'ouvrent enfin et c'est là que notre protagoniste, Jacques, est prêt à vivre une histoire qui pourrait bien devenir la norme dans notre société si raffinée.

Jacques, jouant la carte de la courtoisie, laissa galamment passer Symphony en premier, lui accordant ainsi l'accès prioritaire à l'ascenseur. La cabine, vide et dénuée de tout danger apparent, offrait un espace neutre pour leur montée.

Symphony choisit instinctivement de se placer à droite, tandis que Jacques se positionna dans l'angle opposé, ménageant une distance subtile entre eux. Cette décision intrigua Symphony, qui ne put s'empêcher de chercher à interpréter le geste.

Appuyant sur le bouton du quatrième étage, Jacques mit la machine en mouvement. Alors que l'ascenseur s'élevait, une atmosphère étrange et tendue se forma entre eux. Cherchant à comprendre, Symphony fit un pas en direction de Jacques, espérant dénouer le mystère de ce comportement inhabituel. Un bref sourire de Jacques fut suivi d'un recul rapide, le plaquant contre la paroi de la cabine. Un silence pesant régna, accentuant l'absurdité de la situation.

L'esprit de Symphony s'emplit d'hypothèses. Était-ce la première incursion de Jacques dans le domaine des aventures extraconjugales ? Avait-il subitement changé d'avis ? Ou peut-être était-il contraint par une envie pressante de se rendre aux toilettes ? La journée écoulée, ponctuée de déjeuners d'affaires, de présentations, d'apéros et de buffets, laissait-elle une odeur musquée qui suscitait sa gêne ? Symphony, pragmatique, ne voyait rien de dramatique dans cette situation, imaginant qu'une simple douche pourrait résoudre toute question olfactive. L'idée d'une douche partagée commençait même à titiller son esprit, son attirance pour Jacques s'intensifiant.

Cependant, alors que Symphony faisait un pas supplémentaire dans sa direction, Jacques leva soudainement le bras en signe d'arrêt.

— Stop ! N'avancez pas plus près, déclara-t-il.

Sur le point d'expliquer sa réserve, les portes de l'ascenseur s'ouvrirent brusquement, révélant qu'ils étaient arrivés au quatrième étage. La tension persistait, laissant Symphony curieuse et Jacques perplexe, figés dans cette situation inattendue, un mystère non résolu flottant entre eux.

— Pourrait-on envisager de s'embrasser ? tenta Symphony, surprise par la situation, mais en même temps amusée.

Jacques fondait intérieurement, désirant ardemment l'enlacer ; elle lui plaisait. Il se retint et inclina la tête en direction d'une porte de chambre. Il passa la carte magnétique, la gâche libéra la fermeture. Puis, il poussa la porte et fit signe à Symphony d'entrer. Elle découvrit une vaste chambre lumineuse, agrémentée d'un grand lit king size offrant une vue imprenable sur la mer. La nuit tombée révélait les lumières des bateaux, et les étoiles se reflétaient généreusement sur la Méditerranée. S'approchant du balcon, elle tira le rideau, déposa son manteau sur le lit, et le regarda, se demandant comment il allait s'y prendre pour entamer une relation physique entre eux. Elle lui laisserait l'initiative, ne serait-ce que pour le punir de l'avoir ignorée depuis le bar du rez-de-chaussée.

Jacques la fit assoir au bureau et lui demanda de patienter un instant. Il sortit une bouteille de champagne du réfrigérateur et lui servit une coupe. Ensuite, il approcha une coupelle sur laquelle quelques belles fraises fraiches étaient disposées. Jacques contempla un instant la jeune femme, puis s'enhardit :

— Comme nous avions convenu précédemment : vous consentez à partager un moment en ma compagnie ici dans la chambre ?

— Heu… Oui, nous étions d'accord, dit-elle décontenancée par une telle question pour entamer une relation qui, inévitablement, devait évoluer vers des actes sensuels et consentis. Elle ne comprenait pas le fond de cette demande.

— Parfait ! continua Jacques. Nous sommes donc concordants sur le fait qu'après avoir partagé un moment autour d'une boisson, savouré des fraises ou du chocolat, vous consentez à ce que je prenne votre main, vous enlace et vous offre un baiser ?

— Oh là là, fit-elle, de plus en plus étonnée par la tournure peu romantique de cette discussion. C'est quoi ce truc ?

— Pour l'instant, cela ne revêt aucun caractère captivant, mais soyez assuré que j'y parviens progressivement...

— Vous êtes un pervers ?

— Nullement, soyez absolument tranquille, Symphony. Je suis tout sauf un individu à tendances indélicates, bien au contraire, je me considère davantage comme un fervent romantique. Permettez-moi simplement de vous adresser une ultime requête.

— On n'est plus à cela près, mais à ce rythme, je me refroidis et le temps passe. Il me semble que vous avez votre première réunion demain à 7 h.

— En effet, je ne saurais différer davantage avant de vous adresser ma demande, et je m'apprête à le faire de manière concise et franche : êtes-vous bien d'accord qu'après vous avoir tenu la main, après vous avoir enlacée, après vous avoir embrassée, et tout cela avec votre accord, je pourrai sans retenue vous déshabiller et vous... comment dire... vous... heu...

— Me baiser ?

— C'est une simplification, certes, mais elle s'avère efficace, même si l'on pourrait envisager l'utilisation de termes plus appropriés.

— C'est un gag ? Où est la caméra cachée ? Vous vous moquez de moi ? Vous êtes gay, c'est votre première fois ?

— Non, en aucune façon, je vous assure que...

— Il y a quoi derrière cette porte ? demanda-t-elle en désignant la porte communicante des deux chambres contiguës.

— En arrière, derrière cette porte, mon avocat consigne nos échanges. J'allais d'ailleurs vous le présenter.

— Vous déconnez ? C'est de l'humour ?

— Je vous certifie que cela relève de la vérité. Maitre, éleva-t-il la voix, seriez-vous enclin à faire votre entrée et à vous présenter ?

Symphony était médusée. Elle eut un moment de stress puis se reprit. Elle n'était pas du genre à se laisser manipuler, et surtout pas à être abusée.

L'avocat entra doucement dans la chambre, abaissa le regard et prit place sur une chaise, son bloc-notes posé sur les genoux et ses lunettes descendues légèrement sur le nez. Symphony le dévisagea un instant, puis s'en amusa et annonça :

— J'ai compris, vous voulez faire cela à trois ? Ce n'est pas ce que je préfère, c'est cochon. J'aurais tendance à privilégier une approche plus romantique, où l'acte débute avec délicatesse pour évoluer progressivement vers des sensations à la fois intenses et passionnées. Je préfère le mélange subtil entre la moiteur de la transpiration et les gémissements impossibles à retenir, à la fornication « open bar ». N'empêche que si cela vous plait en groupe, pourquoi pas ! Soyons fous, soyons Cannes ! J'aurais juste aimé être prévenue. Attention, pas de DP ! Ce sera chacun son tour.

— Non, Symphony, vous interprétez mal la situation. Mon avocat est ici exclusivement dans le dessein de rédiger un acte authentique qui officialisera notre accord et attestera du caractère consensuel de nos actions des deux côtés, vous et moi. De cette manière, nous pourrons vivre notre intimité sans craindre d'éventuelles poursuites futures, et demeurerons de bons amis.

— Vous êtes dingues, les gars. Qui peut avoir envie de faire l'amour après un speech pareil ? Et encore, il me semble que ce n'est pas fini. L'avocat va me poser tout un tas de questions, je le sens venir, le p'tit coquin.

— Je crains que cela soit le cas. Il est nécessaire qu'il vous interroge sur certains aspects auxquels vous devez répondre de manière spontanée et sincère. Ce document demeurera strictement au sein du cabinet de mon avocat tant que cela ne sera pas impératif. Les réponses garderont un caractère confidentiel jusqu'à ce que la justice, si nécessaire, les réclame.

— C'est ça, insista-t-elle. Vous êtes complètement fous, et il fallait que ça me tombe dessus. J'hésitais à venir ce soir, je ne le sentais pas, mais j'étais triste, car j'ai des soucis financiers en ce moment, et je voulais ne plus y penser...

— Un instant, Symphony, en ce qui concerne la question financière, nous pouvons y remédier. Toutefois, nous devons instaurer un protocole formel assurant notre protection mutuelle. Il s'agit simplement d'une formalité.

— Maitre, vous allez me demander si je suis d'accord pour qu'il me pénètre ? C'est oui ! Allez-vous me demander si je préfère qu'il éjacule dedans ou dehors ? Voyant la légère grimace que l'avocat laissa échapper, elle continua : Alors ce sera avec préservatif. À la fraise ou nature ! Vous allez aussi me demander si je couche souvent ? Si j'ai des maladies ? Vous n'êtes pas clairs tous les deux.

— Pourtant, ce que nous accomplissons maintenant sera courant dans les prochaines années.

— Alors, plus personne ne baisera en douce, comme des sauvages, furtivement et intensément. Que cela va être triste, préjugea la jeune femme, ressentant une tension palpable monter en elle.

Allait-elle les laisser en plan, ou trouverait-elle les ressources pour faire face à ces hommes qui lui semblaient plus être des extraterrestres que des hommes d'affaires censés ? Cependant, et depuis quelque temps déjà, elle prenait conscience de la difficulté que les hommes rencontraient désormais pour aborder une femme. Elle compatissait. Elle avait connu des hommes démunis face au consentement mutuel, car ils manquaient du langage nécessaire pour négocier, s'exprimer et partager leurs désirs. Quant à elle, que deviendrait-elle si elle ne pouvait plus être courtisée ? Elle n'oserait jamais prendre l'initiative, malgré son apparence audacieuse, à moins qu'elle ne se laisse aller à boire davantage, mais cette solution n'était pas la plus conseillée.

La jeune femme se trouvait à la croisée des chemins, face à une transformation dans la dynamique sociale qui régissait les rencontres. La perspective de devoir attendre d'être abordée par un homme, elle qui avait toujours pris plaisir à être séduite, la laissait perplexe. Elle comprenait que la séduction, telle qu'elle l'avait connue, prenait un nouveau visage, et elle devrait s'adapter à ce changement.

La notion de consentement mutuel, bien que capitale et présentée comme positive, semblait apporter son lot de défis pour tous, hommes comme femmes. Comment trouver un équilibre entre l'authenticité de la séduction et le respect des nouvelles normes éthiques ? La jeune femme se perdait dans ses réflexions, se demandant si elle était prête à relever ce défi et à redéfinir sa conception des relations amoureuses. Une chose était sure, la transition s'annonçait complexe et pleine d'incertitudes.

Dans cette ère moderne, où le consentement mutuel doit prédominer et où la drague semble être devenue une activité risquée, voire obsolète, l'art de séduire s'efface peu à peu. Catherine Deneuve, avec son élégance intemporelle, se souvient avec nostalgie de ces moments où les regards se croisaient, les sourires complices s'échangeaient, où la séduction était un entrechat subtil entre deux personnes.

Brigitte Bardot, figure emblématique de la liberté de la femme, partage ce sentiment. Elle aimait ces petites attentions des hommes, ces moments où la tension montait et créait un jeu subtil entre la séduction et le malaise. Ces échanges, bien que parfois délicats, représentaient une danse charmante, une connexion humaine authentique.

Aujourd'hui, cependant, la crainte de mal interpréter les signaux, combinée à l'importance majeure du consentement, crée une atmosphère où l'approche directe semble devenue délicate, voire taboue. Cette évolution pose des défis particuliers, surtout pour les femmes qui peuvent hésiter à exprimer leur intérêt par peur de malentendus ou de non-consentement.

Les hommes, quant à eux, peuvent se sentir inhibés dans leur démarche, redoutant les conséquences indésirables de la séduction mal interprétée. Les timides, habituellement enclins à des approches plus délicates, peuvent se trouver perdus dans un monde où la clarté et la transparence sont maintenant primordiales.

Cette évolution sociale suscite des questionnements sur la manière dont les gens peuvent exprimer leur intérêt tout en respectant les nouvelles normes éthiques. Le défi réside dans la recherche d'un équilibre entre l'expression sincère des sentiments et le respect du consentement. Certains redoutent que cette transformation conduise à une certaine forme d'isolement, supprimant les subtilités qui rendent l'amour, la passion et le sexe si captivants.

Il est capital d'explorer des façons de préserver l'essence de la séduction tout en respectant les normes contemporaines. Trouver des moyens de communiquer de manière ouverte et claire, sans sacrifier le charme et la spontanéité, demeure un défi pour ceux qui aspirent à maintenir le lien humain au cœur des relations intimes.

— À qui le dites-vous, Symphony, à qui le dites-vous, corrobora Jacques, fataliste.

Puis Symphony se calma et trouva une nouvelle occasion de s'amuser de la situation en répondant aux questions d'Antoine Coinsset-Dussence, avocat au barreau de Grasse.

Dans l'échange avec l'avocat, elle lui demanda si tout devait être consigné : les détails sur la manière d'ouvrir la braguette de Jacques, les nuances d'une fellation, jusqu'où aller précisément. Elle l'interrogea également sur l'applicabilité de ces directives dans des relations entre personnes du même sexe.

Elle redoutait de savoir si elle était contrainte d'accomplir toutes ces actions pendant la prestation ou si elle avait le droit de renoncer en cas de douleur ou de fatigue.

L'avocat expliqua que cet acte formel visait à obtenir un consentement mutuel pour une éventuelle interaction physique, mais il n'était en aucun cas un contrat prescrivant des obligations spécifiques en termes de méthodes ou de résultats.

— Rien n'est imposé, sauf le consentement, précisa l'avocat. Aucune partie ne peut revendiquer quoi que ce soit de l'autre si elle ne parvient pas à réaliser ses intentions.

— À jouir ? simplifia Symphony.

— Quelque chose comme cela.

Puis, l'avocat plia et replia de nombreuses pages qu'il venait d'imprimer depuis une imprimante portable. Il lui tendit un stylo en présentant les coins des documents, pour l'inviter à les signer. Symphony hésita un instant, puis s'y conforma.

— Puisqu'il le faut, allons-y, dit-elle sans conviction.

Jacques, de son côté, brulait d'impatience. Il anticipait le moment où il pourrait enfin savourer l'odeur enivrante et la chaleur de l'étreinte, basculer dans une phase sensuelle et érotique, un mélange de caresses, de désir et de passion. Cependant, il savait que pour atteindre ce stade, il devait lui aussi investir du temps dans la signature de ces nombreuses feuilles, retardant ainsi l'épanouissement tant attendu de l'intimité consentie. Intimité, qu'il illustrait déjà depuis quelques heures dans son cerveau, d'images explicites.

— Voilà, madame, c'est presque fini, annonça l'avocat. Signez ici encore, et là, et c'est parfait.

— Je croyais que je n'en verrais jamais le bout...

— Le bout ?

— La conclusion de ce questionnaire à la con, quoi !

— C'était nécessaire, madame.

— En quatre exemplaires ? Pour deux personnes ?

— Imaginez lorsque j'interviens avant une soirée plus animée...

— Pour une partouze ?

— C'est quelque chose comme cela. Dans ce cas, j'ai un cartable entier de documents à faire signer.

— À propos de documents, vous me laissez un papier, un reçu, en souvenir ?

— Je fais signer monsieur Gauderie-Dussoir, ensuite je vous remets votre exemplaire et je me retire, vous libérant.

5

Entre paradoxe et consentement : Naviguer dans les eaux troublées de la sexualité moderne.

La société moderne se débat avec un paradoxe complexe, une dualité qui suscite des interrogations profondes quant à la moralité, à la législation et aux relations humaines. D'un côté, elle prône fermement le consentement mutuel comme pierre angulaire des interactions sexuelles, soulignant la nécessité d'une approbation claire et enthousiaste avant tout acte intime. De l'autre côté, elle réprime sévèrement certaines manifestations de l'industrie sexuelle, sanctionnant la prostitution, prohibant les maisons closes, et condamnant les clients de travailleuses et travailleurs du sexe.

Cette tension apparente réside dans le fait que la société moderne s'efforce de trouver un équilibre délicat entre la protection des droits individuels et la préservation des valeurs morales collectives. Les législations visant à règlementer ou à réprimer la prostitution et les activités liées à la sexualité s'appuient souvent sur des considérations éthiques, médicales et sociales.

Cependant, le paradoxe se manifeste de manière plus aigüe dans l'ère numérique. Internet offre un terrain de jeu sans précédent pour l'exploration de la sexualité, de la fantaisie et de la transgression. Malgré les interdictions légales et les jugements moraux sur la prostitution, des plateformes en ligne prolifèrent, offrant un accès facile à des services sexuels et à des contenus explicites, remettant en question la cohérence des politiques actuelles.

La quête d'un équilibre dans cette dualité peut impliquer une réflexion approfondie sur la manière dont la société envisage la sexualité. Il s'agit peut-être de repenser les politiques publiques en considérant les nuances culturelles et les réalités sociales. Cela pourrait également nécessiter une réévaluation des mécanismes de prévention et d'éducation, mettant l'accent sur le respect, la compréhension mutuelle et la responsabilité individuelle.

En fin de compte, le défi réside dans la création d'un espace où le consentement mutuel est honoré, où la sécurité des travailleurs du sexe est garantie, et où la société peut dialoguer de manière ouverte et constructive sur des questions souvent complexes et nuancées. C'est à travers une réflexion approfondie et des discussions ouvertes que la société pourra éventuellement trouver un équilibre plus harmonieux dans ce paradoxe contemporain.

De toute manière, rien ne pourra jamais régenter une rencontre fortuite, un regard furtif, un sourire coquin, ou un coup de foudre, que ce soit dans un bar de palace, un ascenseur, ou même à un arrêt de bus.

La question de la liberté fondamentale des hommes à assouvir leur sexualité a évolué au fil des époques. Si l'on se réfère à Platon, l'usage du sexe se limitait à la procréation, inscrit dans une perspective biologique stricte. Cependant, avec l'avènement de la société moderne, les hommes ont élargi leur vision et leurs choix en matière de sexualité.

Aujourd'hui, la sexualité n'est plus uniquement perçue comme un acte biologique destiné à la reproduction, mais plutôt comme une expression humaine complexe, liée à l'intimité, au plaisir et à la connexion émotionnelle.

Pourtant, certains spécialistes affirment que le sexe, entendant l'acte et la jouissance, est une nécessité biologique. La question de savoir si l'acte sexuel est une nécessité biologique est complexe et peut être abordée sous différents angles. D'un point de vue strictement biologique, la reproduction est effectivement une nécessité pour la survie de l'espèce. Pourtant, la biologie ne se limite pas uniquement à la reproduction, et la sexualité humaine va au-delà de la simple fonction reproductive.

Chez de nombreux animaux, l'acte sexuel est souvent exclusivement lié à la reproduction, et il est déclenché par des cycles hormonaux spécifiques. Chez les humains, la sexualité est beaucoup plus complexe, impliquant des aspects émotionnels, psychologiques et sociaux.

Sur le plan biologique, la libération d'hormones liées au plaisir, comme l'ocytocine et la dopamine, peut avoir des effets positifs sur la santé physique et mentale. Certains soutiennent que l'expression de la sexualité contribue au bien-être global de l'individu.

Cependant, il est important de noter que la sexualité humaine est également influencée par des facteurs culturels, émotionnels, et personnels. Certaines personnes peuvent choisir de s'abstenir de relations sexuelles pour des raisons diverses, tandis que d'autres considèrent l'acte sexuel comme une partie intégrante de leur épanouissement personnel.

En fin de compte, la perception de l'acte sexuel en tant que nécessité biologique peut varier d'une personne à l'autre en fonction de ses croyances, de ses valeurs et de ses expériences individuelles.

L'évolution des mœurs et des mentalités a contribué à la reconnaissance de la diversité des orientations sexuelles et des préférences individuelles. Les hommes modernes ont le droit de choisir comment ils souhaitent exprimer leur sexualité, que ce soit dans le cadre d'une relation amoureuse, d'une exploration individuelle ou d'autres formes d'expression consenties.

En conclusion, la liberté d'explorer sa sexualité est considérée comme une composante essentielle de la vie humaine.

La morale de cette histoire pourrait bien être que dans notre société moderne, même les palaces de la Croisette ne sont plus à l'abri des bouleversements causés par les réseaux sociaux et la crainte généralisée des scandales. Le champagne coule à flots, mais les aventures se font de plus en plus rares, laissant nos hommes d'affaires fortunés à la recherche d'une intimité qui semble s'évaporer dans les méandres de la moralité moderne.

Épilogue

Le soleil se levait doucement, embrasant la mer d'une lueur orangée. Les engins municipaux s'activaient déjà sur la Croisette, tandis que Laurent, confortablement installé au volant de sa Mercedes, allait ouvrir les portes de son garage. Les rolls-conteneurs de la société Elis faisaient résonner leurs roulettes d'acier en frottant le trottoir avant de s'engouffrer dans la buanderie du palace.

De son côté, le boulanger du quartier retournait avec délicatesse ses petits pains dans le four, pendant que son commis, armé d'une pelle en bois, répandait une pluie de farine sur la pâte fraichement étalée. L'odeur alléchante du pain frais envahissait les ruelles, chatouillant

les narines des premiers lève-tôt qui ar-
pentaient les pavés encore frais du
boulevard si célèbre.

La vie s'éveillait paisiblement, chaque
geste quotidien devenant une scène dans
le grand théâtre de la cité endormie. Les
premières lueurs du jour caressaient les
façades des immeubles, conférant à la
ville balnéaire un charme unique. Les
murmures du matin se mêlaient à la
douce symphonie des vagues, créant une
harmonie singulière qui enveloppait la
station comme une douce mélodie provençale.

Symphony haussa les épaules et fit
une moue de désolation :

— J'aurais vraiment aimé, Jacques,
que nous fassions l'amour. Vous me plai-
siez avant cette phase administrative
glaçante. Cependant, les circonstances
ont rapidement changé, ma chatte s'est
bien vite refermée, et le jour s'est levé trop
rapidement. Le monde évolue à un
rythme effréné, ce qui ne facilite pas les

choses. Adieu, Jacques, et merci pour cette délicate attention, conclut-elle en pliant les cinq billets verts de cent euros et en les glissant dans son sac.

Jacques se rafraichit le visage au lavabo pendant qu'Antoine, qui avait regagné la chambre voisine plus tôt, dormait déjà profondément. Il enfila une veste, ajusta son nœud de cravate, vérifia ses papiers et consulta sa montre : il était 6 h 30. « Pas le temps pour un petit déj, même rapide », songea-t-il.

De son côté, Symphony fit une halte devant la porte de côté de la boulangerie. Elle échangea un signe amical avec l'artisan du pain, ou pâtissier du levain, et lui offrit un large sourire. Puis, elle se glissa dans un VTC et posa la petite poche de papier brun sur les genoux, impatiente de savourer chez elle les deux pains au chocolat qu'elle venait d'acheter. Elle réfléchit à la manière dont cette expérience inattendue avait élargi son horizon et lui avait apporté de nouvelles connaissances. En plus de cela, elle ressentit une détente, une tranquillité retrouvée au plus profond d'elle-même, comme si cette expérience avait eu le pouvoir de réconforter son esprit.

— Oui, réconforter mon esprit et reposer ma chatte aussi, se mit-elle à rire aux éclats toute seule.

— Pardon madame ? l'apostropha le chauffeur en jetant un regard dans son rétroviseur.

— Excusez-moi, je riais en repensant à une expérience que je viens de vivre et qui suscite de nombreuses interrogations en moi.

— C'est pas grave, M'dame, c'est normal, c'est la vie !

— Non, Monsieur. Ce que j'ai traversé cette nuit, je ne souhaite vraiment pas que cela devienne la norme de la vie.

La vie, justement, aurait dû suivre son cours paisible, surtout en cette matinée cannoise où chaque mouvement habituel semblait narrer une histoire du Sud. Cependant, dans l'enceinte des palaces, peut-être même sous les ors des palais nationaux, chargés d'histoires de rencontres éphémères et de saveurs désormais proscrites, des hommes d'affaires, des politiques, des leaders d'opinion méditaient déjà sur l'intervention nécessaire pour infléchir cette vague de changements. Pour eux, ces mutations, souvent teintées d'amertume, étaient le fruit des débordements du consentement mutuel, révélant ainsi ses travers et ses aspects néfastes.

Les éléments d'autrefois, imprégnés de tradition et de valeurs, se trouvaient désormais bousculés par une évolution rapide et parfois déstabilisante. Dans les salons feutrés des palaces, où autrefois résonnaient des murmures de confidences et d'échanges raffinés, se tissait désormais une trame nouvelle, plus ambigüe et parfois dérangeante. Au-delà de l'apparente quiétude de cette matinée provençale, une résistance s'organisait. Des réflexions profondes avaient cours parmi les hommes influents, qui cherchaient à redéfinir les contours d'une société bouillonnante, soumise aux excès de la permission réciproque. Ils étaient conscients que l'équilibre fragile entre liberté individuelle et préservation des valeurs traditionnelles était mis à l'épreuve.

Ainsi, l'amertume de ce changement se mêlait à une détermination nouvelle, celle de rétablir l'harmonie et de redonner un sens plus équilibré au consentement mutuel. Dans ces réflexions naissantes, l'espoir d'une coexistence pacifique entre tradition et modernité pointait son nez, et dans la tourmente des bouleversements, la Côte d'Azur et ses palaces persistaient à offrir leur charme intemporel, unique et apaisant.

FIN

Remerciements :

À la direction du Martinez et à son
personnel agréable et professionnel.

À Wang, particulièrement, pour sa
gentillesse et ses cocktails.

À Antoine Coesens, pour son humour.

À Laurent, pour sa patience.

À, Brigitte Bardot,
Catherine Deneuve,
et, Patrick Sébastien,
pour leurs interventions sur le sujet.

TABLE

Relecture et corrections :
Cécile G.

Crédit photos :
Jessica A.

Couverture :
Frank Pietra

Dépôt SGDL/HUGO
N° 01HM8ZHV12AJARF9AS76C0A8ZG

Dépôt légal Janvier 2024

WWW.FRANKPIETRA.COM
Copyright 2024

V1.8